DÉBUT D'UNE SÉRIE DE DOCUMENTS EN COULEUR

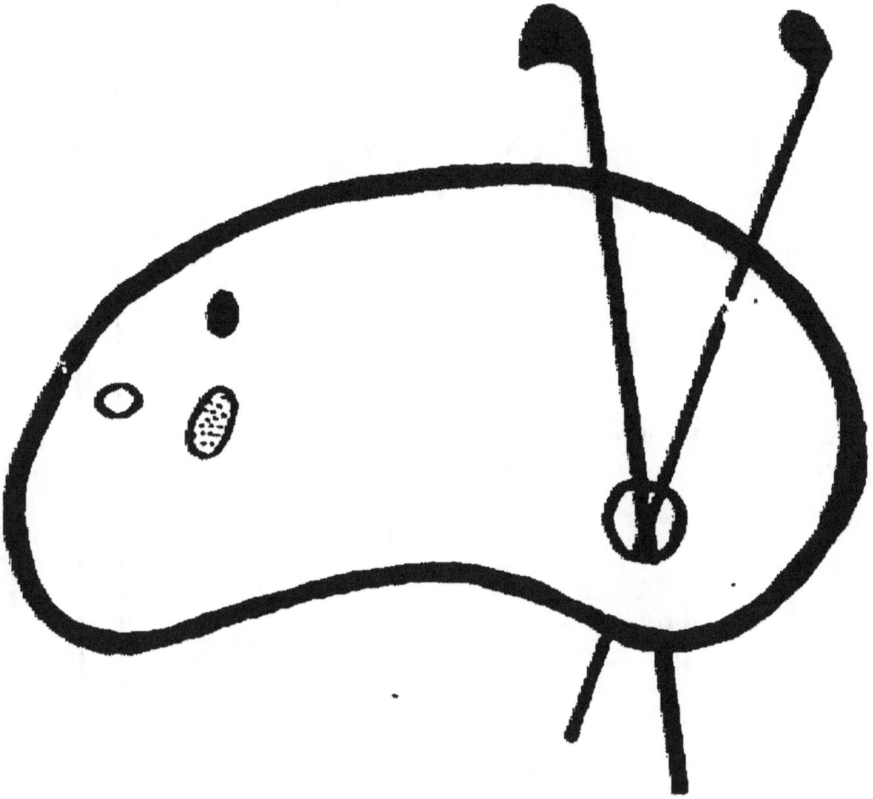

SOCIÉTÉ DE GÉOGRAPHIE DE LILLE

L'ALSACE

PAR

M. CH. JUNKER,

Membre du Comité d'Études de la Société de Géographie
de Lille.

Extrait du Bulletin de la Société de Géographie de Lille
(Mai 1885).

LILLE
IMPRIMERIE L. DANEL.

1885.

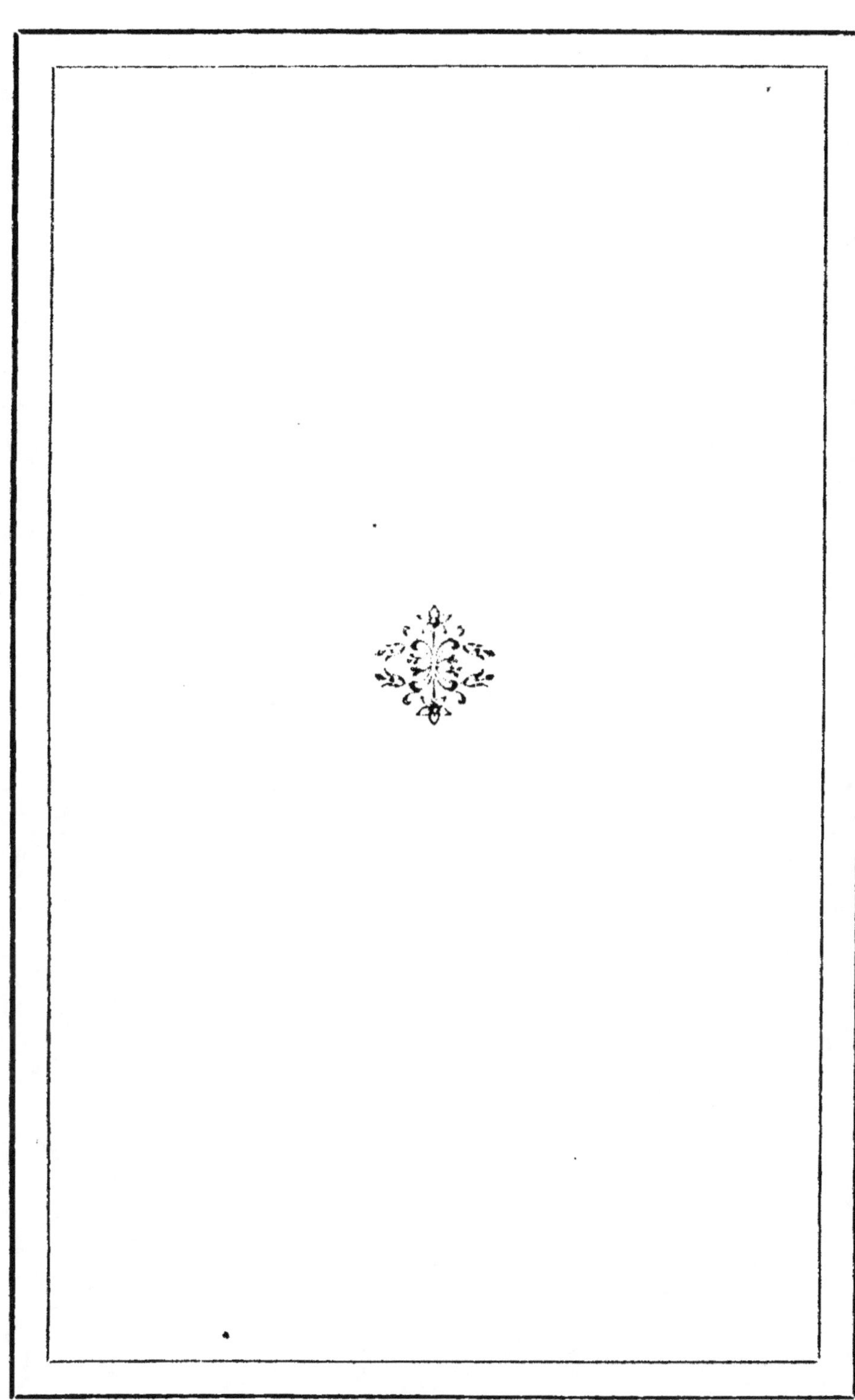

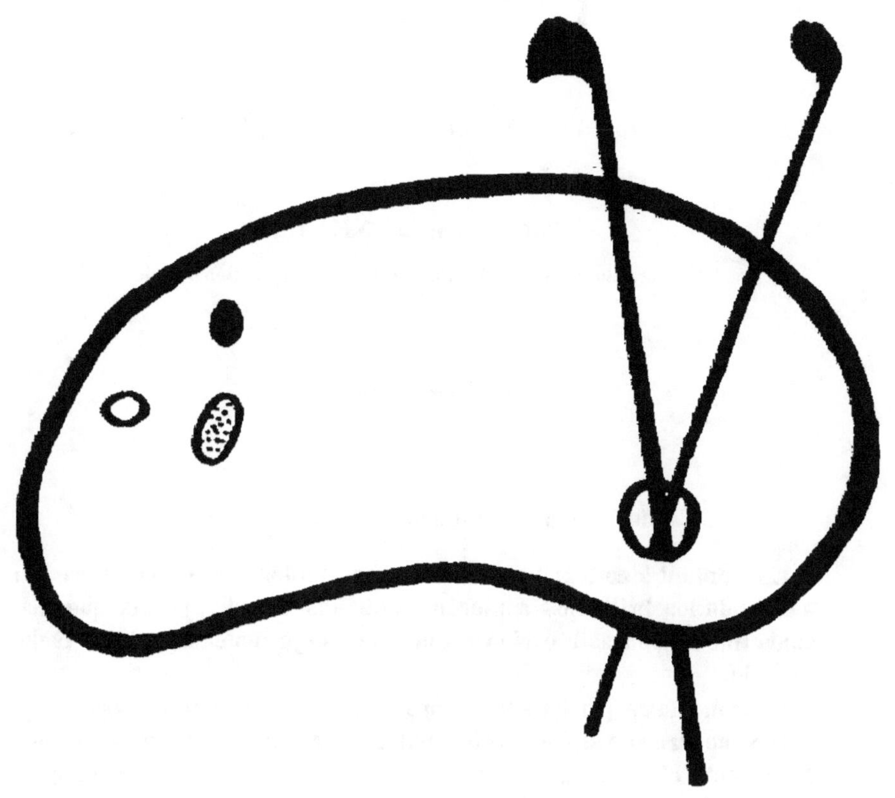

FIN D'UNE SERIE DE DOCUMENTS
EN COULEUR

L'ALSACE

Conférence donnée à la Société de Géographie de Roubaix,

Par M. Ch. JUNKER,

Membre du Comité d'Études de la Société de Géographie
de Lille.

MESDAMES, MESSIEURS :

En montant à cette tribune, et essayant d'intéresser un auditoire qui a entendu les brillantes conférences de nos samedis, je sais que j'assume une responsabilité bien grande, et que je me charge d'une tâche difficile.

Pour me faire pardonner la présomption de l'avoir entreprise, je dois vous dire que si j'ai cédé à l'invitation pressante de notre honorable Président, c'est parce que j'ai pensé que, dans des causeries géographiques, la bonne volonté peut tenir lieu de talent et que l'étude consciencieuse d'un pays — fût-elle présentée d'une façon imparfaite — peut intéresser un public qu'attire ici d'une façon si assidue, le désir de connaître ce qui se fait en dehors de nous.

J'espère que mon exemple sera suivi et que, l'année prochaine, plusieurs de ceux qui m'écoutent aujourd'hui viendront offrir leur concours à la Société de Géographie.

Le sujet qu'on m'a indiqué était du reste bien tentant. Parler de l'Alsace, parler de ma chère patrie; vous entretenir de ces provinces qui furent l'enjeu de la terrible et désastreuse guerre de 1870; évoquer le souvenir de ces frères qui, de leur personne, ont payé notre rançon; de ces frères qui, quoique brutalement séparés de la mère-patrie, aiment, chérissent la France, et qui ne négligent aucune occasion de lui témoigner leur inébranlable fidélité ; parler de ce pays qui était français, qui l'est encore de cœur et qui, j'en ai la conviction, redeviendra français, c'est, dis-je, un devoir car c'est entretenir dans la génération qui nous suit et à laquelle je m'adresse plus particulièrement le souvenir des absents, le culte du patriotisme que Dieu nous garde de confondre avec le chauvinisme.

Nous n'imiterons pas l'exemple de cette mère à laquelle on demandait quelques années après la mort de son fils : « Vous pleurez donc toujours votre enfant ? » et qui répondit : « Il est toujours mort ! »

Non ! il nous est permis d'espérer que la force ne primera pas toujours le droit ; nous caressons cette espérance et nous la transmettrons à nos enfants en leur disant :

« Vos frères les Alsaciens-Lorrains vous regardent et vous atten-
« dent ; à vous de mériter ces sentiments, de vous rendre dignes de
« cet attachement.

« Fais ce que dois, advienne que pourra ! » (*Applaudissements*).

Messieurs,

La causerie par laquelle je sollicite votre indulgente attention, je la diviserai en trois parties :
Étude physique, géographique ;
Étude agricole, commerciale et industrielle ;
Étude historique.

I.

ÉTUDE GÉOGRAPHIQUE.

L'Alsace est une région bien délimitée. Elle est formée par le versant oriental des Vosges et par la plaine qui borde la rive gauche du Rhin entre le coude Bâlois du fleuve et le cours de la Lauter.

Ses limites sont au Nord : la Bavière rhénane ou Palatinat ; à l'Est : le Rhin qui sépare l'Alsace du grand-duché de Bade et de la Suisse ; au Sud : la Suisse et le département du Doubs ; à l'Ouest : les départements du Doubs, de la Haute-Saône, des Vosges et de Meurthe-et-Moselle.

En suivant la voie ferrée de Mulhouse à Strasbourg, on saisit d'un coup d'œil les principaux traits du territoire d'Alsace, partagé en trois zones distinctes, tant par leur relief que par la nature du sol.

La chaîne des Vosges se dresse au couchant comme un rempart entre la France intérieure et le pays du Rhin. Une bande de collines ou de coteaux enlace le pied des montagnes, formant la transition entre cette région élevée et la plaine. Puis la plaine elle-même basse, plate, uniforme, s'étend le long du Rhin sur une longueur d'environ 200 kilomètres de Bâle à Lauterbourg, plus vaste que les deux zones des collines et des montagnes prises ensemble.

Non seulement ces trois régions diffèrent par leur aspect, par leur conformation, par la nature de leur sol et de leur climat, mais chacune a sa végétation propre et naturellement des cultures différentes : Dans les montagnes ce sont les forêts et les pâturages. La région des collines est couverte de vignobles. Dans la plaine ce sont les cultures arables, un peu de vignes du côté des collines, et des forêts du côté du Rhin.

Les Vosges, garnies de leurs vieux châteaux, forment un ensemble des plus pittoresques. Leur histoire est des plus intéressantes.

L'Alsace est traversée du sud au nord par la rivière l'Ill. Son cours, parallèle au Rhin, a une étendue d'environ 180 kilomètres. C'est de cette rivière que la contrée prit son nom : *Ill-sass* veut dire séjour, pays de l'Ill ; de là *Ellsass*, puis Alsace.

Ses affluents débouchent tous sur la rive gauche. Ce sont : La Largue, la Doller, la Thur, la Lauch, la Fecht et la Weiss, la Lievorette et le Giessen, enfin la Brusche.

L'Ill se jette dans le Rhin à Strasbourg ; son débit moyen atteint 40 à 50 mètres cubes par seconde, soit 28 à 30 % de l'eau tombée sur la surface de son bassin, mais avec des variations de 2 à 240 mètres cubes.

Des oscillations aussi fortes dans le débit indiquent un régime des plus irréguliers, qui cause souvent des inondations, suivies parfois de longues sécheresses. Les torrents, issus des Vosges, qui alimentent les affluents de l'Ill, sont tantôt à sec, et tantôt se précipitent avec impétuosité à travers les vallées, après de fortes pluies et surtout après la fonte des neiges.

La partie de la Lorraine devenue allemande n'est point à proprement dit une province géographique : elle se compose du versant occidental des collines qui continuent les Vosges, au nord du seuil de Saverne, et du pays accidenté qui se prolonge à l'ouest vers les

Ardennes; elle est traversée du sud au nord par les vallées de la Saar, de la Nied, de la Moselle, dont les eaux ne se réunissent dans un lit commun qu'en dehors de son territoire.

La *Lorraine* se distingue de l'Alsace, non seulement par la pente générale du sol, mais aussi par son histoire, par l'origine d'une grande partie de sa population, par sa langue. Néanmoins les forteresses et les routes militaires ont fait des deux provinces un même camp retranché et la guerre néfaste de 1870 leur a donné les mêmes destinées politiques.

J'aurai donc quelquefois à parler de la Lorraine.

La superficie des pays qui nous ont été arrachés est de 14,512 kilom. carrés, occupés par 1,571,971 habitants :

Alsace {	Haut-Rhin	3.505 kil^m. c.	461.625 habit', soit	134 habit. par kil^m. c.
	Bas-Rhin.	4.774 » »	618.012 » »	129 » » » »
Lorraine..........		6.233 » »	492.334 » »	79 » » » »
		14.512 kil^m. c.	1.571.971 habit', soit	342 habit. par kil^m. c.

Population des principales villes de l'Alsace-Lorraine en 1875 :

HAUTE-ALSACE.

Mulhouse......................	58,500 habitants.
Mulhouse avec Dornach........	63,250 »
Colmar......................	23,800 »
Guebwiller...................	11,700 »
Sainte-Marie-aux-Mines........	11,650 »
Thann......................	7,550 »
Ribeauvillé..................	5,800 »
Soultz......................	5,500 »
Munster.....................	5,500 »

BASSE-ALSACE.

Strasbourg...................	94,350 habitants.
Hagueneau...................	11,750 »
Schlestadt...	9,000 »
Bischwiller..................	7,100 »
Saverne.....................	6.200 »
Wissembourg.....	6,150 »
Barr......................	5,950 »

LORRAINE.

Metz...................................... 45,675 habitants.
Sarreguemines.................. 8,450 »
Thionville....................... 7,175 »
Forbach .... 6,200 »
Ars-sur-Moselle.... .... 5,100 »

Le sol de la plaine dépasse de quelques mètres à peine le niveau du Rhin. Son élévation au-dessus du niveau de la mer est à Strasbourg de 144 mètres. Voici quelques autres altitudes :

Saverne....	185 mètres.	Col de Saverne......	380 mètres.
Colmar.....	195 »	Grand-Donon........	1.010 »
Mulhouse ..	240 »	Col de la Schlucht...	1.150 »
Altkirch.....	373 »	Grand-Ballon........	1.426 »

Comparé à celui de la France, le climat de l'Alsace est extrême. Les différentes altitudes amènent des conditions météorologiques diverses : les étés y sont relativement chauds, les hivers froids, les variations de température soudaines et considérables.

De même que le régime des vents, celui des pluies varie de la plaine à la montagne.

Voici quelques moyennes de température et de pluies :

Wesserling...	temp^{re} moyenne,	8°,1 centig.	1,157 mill. de pluie.
Colmar.......	»	»	10°,7 »	479 » »
Strasbourg...	»	»	10°,4 »	672 » »
Metz....... ..	»	»	9°,7 »	660 » »

II.

Agriculture, Commerce, Industrie.

Le Bas-Rhin est plus fertile que le Haut-Rhin.

L'enquête officielle de 1866, établit que la production totale de l'agriculture alsacienne s'élève annuellement à 19,000,000 de francs, pour un territoire de 864,846 hectares.

Ce rendement se répartit en :

143,600,000 fr. pour les produits végétaux ;
et 46,400,000 fr. pour les produits animaux.

La patiente activité du paysan alsacien ne se lasse pas dans la recherche des moyens propres à augmenter le rendement de ses riches cultures de tabac, de pavot, de houblons, de blés, de ses belles vignes.

Le houblon rapportait par hectare jusqu'à 2,600 fr.; le tabac, la vigne de 1,200 à 1,500 francs.

La zone du vignoble occupe la lisière des coteaux qui va depuis Thann jusqu'à Mutzig, le long du pied des Vosges, couvrant une étendue de 25 à 26,000 hectares de terrain et faisant vivre plus de 20,000 familles.

M. Ch. Grad estime le rendement de la vigne de 80 à 100 hectolitres par hectare.

M. Grad est issu d'une famille de viticulteurs du Haut-Rhin, il a été notre collègue au Logelbach pendant plusieurs années, il est aujourd'hui député au Reichstag : c'est à cet ami que je dois la plupart des renseignements statistiques qui figurent dans cette causerie.

« Sur toute cette étendue de collines — dit-il — pas un coin de terre, pas une anfractuosité propice n'échappe à la vigne qui les conquiert tous au prix de travaux énormes. Quels tableaux présente le débouché de nos vallées alsaciennes ! Quelle magnifique perspective on découvre du haut des coteaux altérés de soleil ! Au pied des vignobles, un torrent, changé par l'été en ruisseau paisible, murmure et glisse discrètement entre des rideaux de saules et de peupliers à travers les prés en fleurs. Vers le fond, la vallée se ferme par des rangées de montagnes plus hautes, tandis que plus près, au-dessus de la voie ferrée où la locomotive emporte des trains rapides, des sentiers pittoresques montent à travers les vignes et les pampres verdoyants, jusqu'au rocher que domine une vieille tour féodale, comme un souvenir du passé, de laquelle le regard embrasse la riche plaine d'Alsace avec ses moissons comme une espérance pour l'avenir. »

La *vigne* a été de tout temps en grand honneur sur les bords du Rhin. Introduite dans la Gaule sous la domination romaine par l'empereur Probus, elle ne tarda pas à s'implanter sur notre sol. Les vieilles chroniques montrent les vins d'Alsace sur la table des rois mérovingiens. Charlemagne estimait beaucoup les vignobles qu'il possédait en Alsace. Les Frisons, qui faisaient au IXᵉ siècle le principal commerce du Rhin, conduisaient par la voie du fleuve nos vins à Cologne, et Froissart nous apprend que dès 1327, on les buvait en Angleterre et en Hollande, d'où on les transportait en Danemark et en Suède.

Indiquons quelques-uns des meilleurs crûs. Dans le Bas-Rhin, les vins rouges de Morsbronn, d'Ottrot et de Dambach, le Finkenwein des Chartreux de Molsheim et l'Altenberger de Wolxheim ; le Tempelhof de Bergheim, les vigoureux Rieslings de Ribeauvillé, les Tokays de Riquewihr, le Brand de Turcheim, le Kitterlé de Guebwiller ; le plus capiteux de tous, le Range de Thann.

Tous ces vins se conservent pour ainsi dire indéfiniment. A mon dernier voyage en Alsace, j'ai bu des vins de 1834 qui avaient encore toutes leurs qualités. Les crûs de 1846 sont dans un excellent état de conservation.

Au-dessus des vignes, les *forêts* couvrent les crêtes des Vosges.

Les forêts de l'Alsace couvrent une étendue de 308,350 hectares, sur lesquels 78,780 appartiennent à l'État, 158,780 aux communes, 70.790 aux particuliers. Un tiers de ces forêts se trouve en plaine. Les forêts domaniales ont rapporté, en 1874, un revenu de 8,003,432 fr.

La Lorraine est aussi un pays agricole, mais elle reste inférieure à l'Alsace par l'importance relative de ses produits. Le sol et le climat y sont moins favorables. Ses coteaux, au lieu d'être exposés au Sud-Est s'inclinent surtout vers le Nord, et la partie orientale du pays n'a sur ses collines qu'un trop mince couche de terre végétale. Une des cultures particulières de la Lorraine est celle des étangs qui servent tantôt de viviers, tantôt de champ de culture. Le grand étang de Lindre donne parfois plus de 100,000 kilog. de poisson dans une seule année.

Tout ce qui concerne la partie agricole de l'Alsace est résumé dans le tableau que voici :

	Champs.	Prairies.	Vignobles.	Vergers.	TOTAL.	1880. Population.
Haute-Alsace...	138.634	44.051	11.120	3.914	197.719	461.625
Basse-Alsace...	193.677	61.139	13.252	6.673	274.741	618.010
Lorraine.......	337.104	64.460	5.971	7.082	414.617	492.350
HECTARES...	669.415	169.650	30.343	17.669	887.077	1.571.985

La population alsacienne, en 1794, était de..   711,145 habitants.

     »   »   1826   »   944,209   »

     »   »   1856   »   1,003,237   »

     »   »   1866   »   1,119,255   »

L'annexion a fait diminuer la population de plus de 50,000 habit., sans tenir compte de l'accroissement normal (27 %.) résultant de l'excédent des naissances sur les décès.

Industrie. — Commerce. — Routes.

Avant de parler de commerce et d'industrie, je crois utile d'étudier la question des transports et des voies de communication.

Le transport sur char d'une balle de coton de 200 kilogs du Havre à Mulhouse coûtait autrefois 24 francs : Aujourd'hui on ne paie plus que 8 à 10 francs.

Une tonne de houille livrée de Sarrebruk à Colmar coûtait autrefois 30 fr. de transport; par canal ou par chemin de fer, on paie aujourd'hui 6 à 8 francs. Vous jugerez par ces deux chiffres l'importance des moyens de transport et des voies de communication dans le développement industriel d'un pays.

Au temps du roi Louis XV, un marcheur de moyenne force pouvait faire autant de chemin que le carosse à six chevaux du prince, à cause du mauvais état des routes.

La construction du premier réseau de grandes routes, en France, date de l'institution du Corps des Ponts et Chaussées en 1722.

Un état de situation des routes d'Alsace porte, en 1722, la longueur totale de ces routes à 816,511 toises, soit environ 1,572 kilomètres.

En 1878, il y avait 7,699 kilomètres de routes en Alsace dont 3,177 dans le Haut et 4,521 dans le Bas-Rhin. Ajoutez de plus pour tout le pays d'Alsace-Lorraine 1,084 kilomètres de chemin de fer et 392 kilomètres de canaux et voies navigables.

L'origine de la plupart de ces routes est peu connue. Les anciennes voies romaines, dont on retrouve encore les vestiges sur plusieurs points du territoire, étaient des routes militaires ou prétoriennes et n'ont point de rapports avec nos routes actuelles. Leur éloignement des villages tend à prouver que les populations, au lieu de se grouper sur leur parcours, semblent en avoir évité le voisinage afin de se soustraire aux réquisitions des bandes armées.

La carte théodosienne dressée au IVe siècle de notre ère pour l'usage des empereurs, puis l'itinénaire d'Antonin, indiquent deux ou trois grandes voies romaines sur le territoire d'Alsace :

La première, construite par Agrippa, gendre d'Auguste et Préfet des Gaules, entre les années 26 et 32, allait de Lyon à Mayence par Mandeure près Montbéliard, pour se diriger sur Kembs, Brisach Strasbourg, Brumath, Seltz et Spire.

Plus tard une autre voie venant d'Italie par la Suisse sur le versant oriental du Jura vint s'embrancher sur la première à Kembs, après avoir passé à Bâle.

Une autre ramification se détachait de la voie du Rhin à Strasbourg pour se diriger sur Metz par Saverne et Dieuze.

Voies navigables.

De tout temps, le *Rhin* a servi de voie navigable le long de la frontière d'Alsace et, sur l'*Ill*, la navigation qui s'arrête maintenant à Colmar s'étendait autrefois jusqu'à Altkirch.

Sur le Rhin, par voie de flottage, nous arrivent annuellement de Suisse plus de 100,000 tonnes de bois de construction qui entrent dans le canal de Huningue. Entre Brisach et Strasbourg, le flottage des bois de chauffage s'élève à 15,000 tonnes.

Le réseau des canaux de l'Alsace-Lorraine atteint un développement total de 357 kilomètres. Grâce à ces canaux, les grandes artères du Rhône et de la Seine communiquent avec le Rhin. A ces canaux s'ajoutent le *canal des houillères de la Sarre* et les sections canalisées de l'Ill, de la Moselle et de la Brusche.

Chemins de fer.

Le réseau des chemins de fer de l'Alsace-Lorraine fait partie des grandes lignes qui relient d'une part le Midi de la France, l'Italie et la Suisse avec les contrées du Nord, de l'autre Paris avec Berlin et Vienne, dans l'Est de l'Europe.

Une des sections du réseau mérite d'être cité : la section *d Mulhouse à Thann*, inaugurée le 12 septembre 1839, date des premiers essais tentés sur le Continent pour l'expérimentation de la traction par locomotive.

Une concession du 6 mars 1828, amena l'ouverture de la ligne *de Strasbourg à Bâle*, inaugurée le 15 août 1841. La ligne de *Strasbourg à Paris* fut décidée par décret du 11 juin 1842. Puis vinrent les autres concessions dont il serait tro long de parler.

Au moment de la guerre avec l'Allemagne, en 1870, la Compagnie de l'Est exploitait pour son compte tous ces chemins de fer. A la suite du traité de Francfort, le Gouvernement allemand, acquit le réseau entier au prix de...................................... 327.700.000 fr.
si à cette somme on ajoute les...................... 115.723.446 —

pour l'acquisition du matériel, on arrive au prix total du réseau..................................... 443.423.446 fr.

Grâce à l'organisation actuelle des postes, les lettres de Paris arrivent en Alsace en 12 à 15 heures. En une seule année, le nombre des télégrammes expédiés par les bureaux télégraphiques de l'Alsace s'élève à 250,000; celui des lettres et imprimés expédiés et reçus, à plus de 30,000,000 !

Forces motrices.

Au début, le coton se filait et se tissait à la main : l'abondance des bras, le bon marché de la main-d'œuvre attira l'industrie cotonnière dans les vallées d'Alsace.

Plus tard, quand les grandes usines remplacèrent les petits ateliers épars, quand il fallut de la force motrice, les manufactures trouvèrent un autre avantage à s'établir sur les cours d'eau.

Enfin, lorsque le déboisement des montagnes fit diminuer le débit des torrents et le rendit irrégulier, on dut ajouter des moteurs à vapeur aux moteurs hydrauliques et un retour de faveur se fit vers les établissements de la plaine qui, situés près des lignes de chemin de fer, purent s'affranchir pour leurs charbons et pour leurs cotons des charrois onéreux.

La force des moteurs hydrauliques existants actuellement en Alsace est évaluée à 22,340 chevaux répartis entre 1,325 usines.

La force des moteurs à vapeur est évaluée à 26,930 chevaux répartis entre 2,664 usines.

Industrie du Coton.

L'industrie cotonnière prédomine, comme importance, sur toutes les autres en Alsace. A elle seule en 1870, elle occupait plus de 80,000 ouvriers avec un matériel de 1,700,000 broches de filature, de 60,000 broches à retordre, de 40,000 métiers à tisser, de 100 machines à imprimer.

Voici quelques chiffres qui donneront une idée de la marche progressive de cette industrie : Les fabriques d'indiennes du Haut-Rhin qui en 1828 imprimaient 17,949,000 mètres d'étoffe, en produisent plus de 50,000,000 de mètres en 1870.

Dans le même intervalle, le chiffre d'affaires qui était de 15,000,000 s'est élevé à 90,000,000 de francs pour la filature ; il s'est élevé de 20,000,000 à 120,000,000 pour le tissage et de 38,000,000 à 50,000,000 pour l'impression.

Industrie de la Laine.

La filature de laine peignée compte un effectif de 127,000 broches, plus 49,000 broches à retordre avec un personnel de 3,000 ouvriers. Ajoutez 18,000 broches pour la filature de laine cardée dont 15,000 pour le rayon de Bischwiller pour la fabrication du drap qui comptait au moment de l'annexion 2,000 métiers à tisser maintenant réduits au quart.

La vallée de Ste-Marie-aux-Mines possède environ 10,000 métiers à tisser à bras, avec 1,300 métiers mécaniques. Depuis 1869, le chiffre annuel des ventes s'est abaissé de 30,000,000 à 25,000,000 de frs.

Industrie de la Soie.

L'Alsace possède aussi des filatures et des tissages de soie.

Des essais sérieux ont été tentés pour cultiver le mûrier et élever le ver à soie. Le mûrier a réussi. A peine a-t-il souffert certaines années des gelées tardives du printemps. Mais la soie s'est vendue au-dessous du prix de revient, et les Alsaciens ont renoncé à une culture que l'Extrême-Orient réussit sans peine et sans aléa.

Ils savent bien que ni les subventions, ni les primes ne maintiennent des entreprises non rémunératrices par elles-mêmes et placées dans des conditions anormales.

Il y a en Alsace 7 filatures de schappe et bourre de soie d'un effectif total de 20,000 broches à filer, et 6,000 à retordre occupant 680 ouvriers et produisant par an de 200 à 300,000 kil. de filés d'une valeur moyenne de 3,000,000 de franc.

Les tissages de rubans de soie comptent environ 500 métiers à tisser occupant 1,500 à 1,600 ouvriers produisant pour plus de 7,500.000 frs. de tissus.

En France, la production de la soierie atteint une valeur de près de 700 millions de francs par an.

Industrie du Lin.

On file peu de lin en Alsace.

Quelques tissages de toiles d'emballage, en chanvre, jute et déchet de lin produisent pour environ 1,500,000 francs par an.

Industries de l'Impression et du Blanchiment.

Gloire industrielle de l'Alsace et source première de la fortune du pays, son impression sur étoffes est sans rivale sur tous les marchés du monde. Elle date de 1746.

Vers 1830, la statistique du département du Haut-Rhin indique dans ce département :

27 Établissements occupant 11,248 ouvriers.

La statistique de 1870 signale, dans le Haut-Rhin, 18 établissements, occupant 11,230 ouvriers touchant environ 7.480,000 francs de salaire et produisant sur 124 machines à imprimer et 14,827 mètres de table :

78,803,000 mètres de tissus de coton ;

3,735,000 mètres de tissus mélangés laine, soie, coton ;

10,534,000 mètres de tissus mélangés ou laine teints ;

148,268,000 mètres de tissus de coton blanchis ou teints.

Je ne vous parlerai que pour mémoire des ateliers de teinture, d'apprêt, de gazage, de lustrage, qui complètent le travail ci-dessus et occupent un grand nombre d'ouvriers.

Industrie des Produits chimiques.

La création de fabriques de produits chimiques était la conséquence naturelle du développement des manufactures de teinture et d'impression.

La première s'est créée à Thann en 1807. Elle fait aujourd'hui 35,000 quintaux d'acide sulfurique, près de 10,000 tonnes de produits chimiques, représentant une valeur de 3,000,000 de francs.

L Alsace possède 219 fabriques de produits chimiques occupant 1.497 ouvriers.

Née en Alsace, l'industrie de la fécule s'est fortement développée dans le pays de l'Est où la pomme de terre abonde.

L'amidon, le glucose, les gommes artificielles constituent une autre classe dans les industries chimiques, et produisaient en 1870 environ 13,000,000 kilog., réduits aujourd'hui à 7,000,000 à cause de la perte du débouché français.

Métallurgie et construction de machines.

La métallurgie et la construction de machines se sont développées en Alsace en proportion des industries textiles. Depuis les ressorts délicats de nos montres jusqu'aux machines à vapeur les plus puissantes et aux locomotives, nos constructeurs sont en état de livrer tout ce que la mécanique peut leur demander.

Nous trouvons dans le sol de l'Alsace le fer, le cuivre, le plomb et l'argent; l'or même se trouve dans les sables du Rhin. Mais, éminemment pratique, l'Alsacien a tiré du fer ses plus grands bénéfices.

L'Alsace-Lorraine possède :

52 Établissements métallurgiques, occupant 14,308 ouvriers ;

5,252 Établissements travaillant le fer et l'acier, occupant 12,092 ouvriers ;

2,610 Établissements de construction de machines et instruments, occupant 13,273 ouvriers.

C'èst dans le Bas-Rhin, à *Niederbronn*, que sont les plus importantes mines et usines de fer. La fondation date de 1685. Une seule maison (de Dietrich et Cie) dont le siège est à Niederbronn occupe 6 établissements embrassant toutes les branches de la métallurgie du fer depuis l'extraction des mines, hauts-fourneaux, fonderies, foyers, laminoirs, jusqu'aux ateliers de construction.

Sa production annuelle s'élève à 6,000 tonnes de fontes moulées de toute espèce, 7,200 tonnes de fer et 2,500 tonnes d'acier corroyés, d'acier Bessemer et d'acier fondu au creuset.

Elle consomme annuellement 7,000 tonnes de charbon de bois tiré de ses forêts, 24,500 tonnes de minerais de fer, 33,800 tonnes de houille, 4,500 tonnes de coke, 12,000 tonnes de fonte brute.

La Société Alsacienne de constructions mécaniques (*Mulhouse* et *Grafenstaden*) occupe environ 3,600 ouvriers. Ses ventes annuelles s'élèvent à plus de 12,000,000 francs. Elle a construit déjà plus de 1,500 locomotives et c'est par millions qu'on compterait les broches de filature de coton, laine et soie qu'elle a livrées.

Puis viennent d'autres établissements importants construisant les machines de filature et tissage, les machines-outils, les moteurs à vapeur et à eau, etc., etc.

Fabrication du papier.

Avant l'invention du papier, l'Egypte fournissait aux écrivains de l'antiquité ses papyrus employés ensuite pendant le moyen-âge avec le parchemin.

Vers la fin du XII° siècle de notre ère, le papyrus fit place à un carton en coton, sorte de feutre très solide, très blanc, à surface lisse et polie venu du Levant.

Puis les Arabes d'Espagne firent du papier avec des fibres du lin, ce qui donna l'idée de notre papier chiffon.

En Alsace il y eut une fabrique de papiers dès l'an 1700, à Roppentzwiller, près Ferrette.

L'Alsace a produit en 1875 de 4 à 5,000,000 kilog. de papiers, et cette industrie va progressant depuis que la pâte de bois a pris place parmi les succédanés du chiffon, et permet à l'emploi du papier de se répandre de plus en plus dans toutes espèces d'industries.

Les papiers peints se font aussi très bien en Alsace. Leur vente s'élève annuellement de 1,200,000 fr.

Industrie du Cuir.

L'industrie du cuir donne en Alsace une production annuelle de plus de 12,000,000 de francs et occupe plus de 4,000 ouvriers.

Verrerie et Céramique.

Il reste en Alsace une seule verrerie en activité, c'est celle de *Wildenstein* qui livre par an pour 100 à 125,000 frs. de produits fabriqués.

En Lorraine, cette fabrication est plus importante.

Nous trouvons ensuite des fabriques de poêles en faïence, des poteries de grès.

L'industrie céramique se fait sur une vaste échelle en Lorraine, à Sarreguemines, qui occupe plus de 2,000 ouvriers.

Industries alimentaires.

Vous parlerai-je des industries alimentaires? Je vous dirai que le Bas-Rhin, seul, vend annuellement pour plus de 12,000,000 de francs de bière dite de *Strasbourg*, et qu'il livre au commerce 1,800,000 kilog. de choucroûte!

Je regrette que le temps ne me permette pas de vous raconter l'histoire et de vous donner la recette de ces bons pâtés de foie d'oie, que Strasbourg et *Colmar* envoient dans tous les pays où l'on aime la bonne chère.

Tabac.

L'inventaire annuel de la manufacture de tabac, de Strasbourg, se chiffrait, avant l'annexion, par un bénéfice net de 25,000,000 de francs sur une production de .... 4,154,000 kilog. de tabac fabriqué.

En 1876, après la suppression du monopole, les bénéfices de cet établissement sont tombés à 751,000 fr.

L'Alsace-Lorraine possède en ce moment 28 fabriques occupant 1,320 ouvriers, fabriquant environ 2,361,000 kilog. de tabac.

En 1810, au moment de l'introduction du monopole, Strasbourg comptait 45 fabriques occupant un personnel de 10,000 ouvriers.

Schœpflin attribue l'introduction du tabac en Alsace, au négociant Robert Kœnigsmann, qui rapporta la semence d'Angleterre, et qui en planta, en 1620, près de Strasbourg.

Imprimerie.

Strasbourg est le berceau de l'imprimerie, inventée dans ses murs par Jean Gutenberg, en 1436. Cette industrie fait honneur à l'Alsace par son influence sur le développement de la civilisation.

Avant d'établir son premier atelier d'imprimerie avec caractères mobiles, Gutenberg avait vu en Hollande une grammaire latine imprimée au moyen de caractères taillés sur une planche de bois.

Un pauvre sacristain de la cathédrale de Harlem, du nom de Laurent Koster, se promenant un jour dans sa jeunesse, amoureux et rêveur, avait gravé sur une branche de saule, avec un couteau, la première lettre du nom de sa fiancée, entrelacée avec sa propre initiale. Ces lettres, Koster les enveloppa dans une feuille de parchemin, et ne fut pas peu surpris de voir, le lendemain, en dépliant la feuille, son chiffre reproduit en bistre par le relief des lettres dont la sève avait imprimé l'empreinte sur le parchemin. Aussitôt, le sacristain se mit à tailler en bois d'autres lettres sur un large plateau, remplaça la sève par de l'encre, et obtint ainsi la première planche d'imprimerie.

La vue de cette feuille fut une révélation pour Jean Gutenberg, qui remplaça la planche qui imprimait une seule page, par des caractères mobiles dont un petit nombre suffit pour rendre et multiplier la parole écrite.

L'imprimerie, en Alsace, occupe un millier d'ouvriers.

Banques.

Les institutions de crédit se rangent parmi les conditions de la production, au même titre que les voies de communication et les forces motrices.

Les banques s'établirent et se multiplièrent en raison des besoins du commerce. Elles apparaissent d'abord comme des entreprises privées annexes du change. Plusieurs documents du XIV° siècle font allusion à une banque municipale de dépôt et de prêt, fonctionnant à la Monnaie de Strasbourg sous la direction de trois fonctionnaires (Müntzherren) chargés de prêter aux bourgeois, à raison d'un intérêt de 5 %, et sur des gages d'or et d'argent, des fonds avancés par la caisse municipale. Cette banque disparut en 1752 pour faire place aux banques privées.

L'Alsace compte actuellement 53 banques patentées.

Politique commerciale.

Souvent en parlant d'une province, vous avez entendu dire : « Elle est le rempart de la protection », ou bien : « Elle est libre-échangiste ».

L'Alsace, avec ses industries multiples et ses intérêts divers, n'a jamais été d'aucun parti extrême. Sa politique commerciale a été une œuvre d'opportunité, cherchant à concilier tous les intérêts et s'inspi-

rant à la fois des deux principes de la protection et du libre-échange,
principes opposés, mais répondant l'un et l'autre aux besoins d'une
grande nation.

L'Alsacien a été, de tout temps, avide de liberté. Ce seul mot exerce
un prestige qui séduit son esprit. Le libre-échange est donc un idéal
auquel beaucoup d'Alsaciens conviennent qu'il faut tendre ; mais, en
gens pratiques, soucieux de la prospérité générale, ils se font des
concessions réciproques, ils s'inspirent d'un principe d'ordre supé-
rieur, celui de la solidarité des intérêts nationaux, cherchant la mesure
des concessions possibles pour les partisans de la liberté commerciale
et des tarifs à établir en faveur des industries que le libre-échange
ruinerait.

Toute autre politique commerciale leur paraissant dangereuse, les
Alsaciens se sont éloignés des extrêmes et des partis-pris.

Depuis l'annexion, l'Alsace subit les effets du régime industriel
allemand. Elle a dû abandonner ses traditions de bonne qualité et de
bon goût pour imiter l'article allemand.

« *Billig und schlecht* » (mauvais et pas cher) avait dit le commis-
saire de l'Allemagne à l'Exposition de Philadelphie, pour caractériser
les produits de son pays.

L'industrie alsacienne a été forcée de suivre le courant pour le
marché allemand, mais en conservant aux articles qu'elle destine à la
France les qualités que l'Allemagne ne paie pas.

La Société Industrielle de Mulhouse.

L'idée inspiratrice de la Société Industrielle de Mulhouse se trouve
nettement exprimée, dans un Rapport sur les travaux de l'Association
pendant les cinquante premières années de son existence :

« Convaincus, dit M. Penot, qui fut pendant cinquante ans le guide
et le secrétaire de l'œuvre, convaincus que la science seule pouvait leur
permettre de lutter contre des concurrents plus favorisés, et pensant
qu'ils seraient mieux armés s'ils réunissaient leurs efforts en un fais-
ceau commun, qui leur permettrait de se prêter un mutuel appui,
vingt-deux de nos concitoyens fondèrent notre Association qui devait
grandir si rapidement et acquérir bientôt une réputation justement
méritée.

» Afin de bien définir sa mission dès le début, ils lui donnèrent le
nom significatif de *Société Industrielle*, que d'autres réunions savantes

ont emprunté depuis , indiquant ainsi que tous ses travaux devraient avoir une portée industrielle pour but final. »

Et plus loin , le vénérable rapporteur ajoute :

« Toutes vos investigations, portant sur les sciences mathématiques ou naturelles, ont été dirigées le plus souvent au point de vue de leur application aux arts , et , dans le domaine des sciences morales , vous n'avez abordé que des problèmes touchant au développement physique et au progrès intellectuel de l'ouvrier. »

La fondation de la Société industrielle de Mulhouse date de 1825. Dès le 20 avril 1832 , une ordonnance royale la reconnut comme établissement d'utilité publique.

Ses fondateurs avaient foi dans l'avenir et ne comptaient que sur eux-mêmes, aussi le succès a couronné leurs efforts.

Après avoir commencé par s'instruire entre eux , ils sont arrivés à donner des leçons au monde industriel , faisant école , ouvrant des concours , encourageant par de larges récompenses toutes les œuvres utiles.

Partagée à l'origine en deux sections de mécanique et de chimie , la Société a créé plus tard des sections spéciales pour l'histoire naturelle, la statistique, le commerce, les beaux-arts, les questions ouvrières.

Relever les résultats obtenus par les différents comités , serait bien intéressant , mais il y aurait là de quoi remplir plusieurs de nos samedis.

Je me bornerai à vous parler de ceux qui, tout en profitant à l'industrie, ont amélioré le sort de ses collaborateurs, les ouvriers.

Sous l'impulsion de la Société Industrielle , il s'est constitué en Alsace une *Association ayant pour but de prévenir les accidents dans les manufactures.*

Un inspecteur salarié et désigné par l'Association , visite à tour de rôle les usines des sociétaires, indique les causes apparentes de danger qu'il découvre , fait connaître les moyens les plus sûrs d'y soustraire les ouvriers.

Grâce à la vigilance de son inspecteur , grâce à l'observation de règlements spéciaux et à une application plus générale des moyens préventifs, l'Association a vu diminuer sensiblement le nombre des accidents.

Les conflits judiciaires sont évités par une Commission d'arbitrage ou de conciliation formée par tiers égaux de chefs d'industrie, d'ingénieurs du Gouvernement et d'ouvriers.

Dans le but de faire cesser les abus que certaines industries faisaient des forces des enfants employés dans les manufactures, où de petits êtres de 7 à 10 ans étaient retenus pendant 12 à 15 heures, la Société Industrielle adressa aux assemblées législatives françaises, pétitions sur pétitions jusqu'à ce que la loi du 22 mars 1841 vînt mettre un terme à ces abus criants.

La Société Industrielle fonda successivement des *écoles spéciales* de dessin, de filature, de tissage, de chimie, de commerce dont il sort des quantités de sujets appelés à diriger les usines ; aussi bien en Alsace qu'au dehors.

Ces écoles ont été créées par des souscriptions dont quelques unes ont atteint 100,000 fr. pour un seul donateur.

Sous le régime français, la Société Industrielle de Mulhouse avait pris l'initiative d'un vaste pétitionnement en faveur de l'enseignement obligatoire.

Institutions ouvrières.

Les grandes agglomérations, qui ont été la conséquence du perfectionnement industriel, ont jeté une perturbation profonde dans les conditions d'existence des travailleurs, en substituant les manufactures immenses de nos jours aux anciens ateliers de famille.

Les parents arrachés aux lieux où ils sont nés, la famille dispersée, ses liens relâchés, la mère enlevée au foyer domestique pour l'usine, les enfants astreints dès l'âge le plus tendre à un contact malsain, à un labeur pénible sans recevoir ni instruction, ni éducation, la misère et l'esprit d'antagonisme se développant dans ces milieux avec la perpétuelle menace de guerre sociale, voilà, dit Ch. Grad, la plaie du régime des manufactures.

Les industriels d'Alsace ont compris depuis longtemps que jeter un voile sur cette plaie aurait été rendre un mauvais service à la cause de l'industrie. Ils ont compris que, ne pouvant empêcher le paupérisme, il était de leur devoir de le combattre et d'en atténuer les effets. Aucune des institutions susceptibles de contribuer à l'amélioration morale et matérielle des populations ouvrières ne manque en Alsace.

Ces œuvres bienfaisantes, dues à l'initiative des chefs d'industrie, répondent à tous les besoins. L'ouvrier peut en invoquer le secours dans toutes les phases de son existence. Elles se présentent au berceau de l'enfant ; elles s'adressent à la mère ; elles soutiennent le père de *famille dans les éventualités malheureuses*, lui donnent des moyens d'instruction, de distraction, lui facilitent l'acquisition d'un patrimoine : *secours aux femmes, sociétés de maternité, crèches, salles d'asile, jardins d'enfants, cours d'adultes, école d'arts et métiers, bibliothèques et cercles populaires, orphelinats et maisons de refuge pour les jeunes filles, maison de retraite pour les vieillards, sociétés de secours mutuels* en cas de maladie, *sociétés coopératives de consommation, banques populaires, caisses d'épargne, cités ouvrières* où, moyennant un versement de 300 francs que les chefs d'usine se font un plaisir d'avancer aux familles d'ouvriers qui en sont reconnues dignes, ceux-ci peuvent devenir propriétaires de leur maison en payant pendant 13 à 15 ans un loyer de 14 à 20 francs par mois. A Mulhouse, seul, plus de mille maisons ont été ainsi acquises et payées par des familles ouvrières et ces habitations qui, en 1860 valaient environ 3,100 fr., en valent 5 à 6,000 fr. aujourd'hui.

A Guebwiller, à Colmar, à Saverne, partout, on a créé des cités ouvrières, et partout les ouvriers rangés, économes, en ont profité.

Ces maisons sont bien construites, bien aérées, bien éclairées, entourées de jardinets suffisants pour le petit légume de la cuisine et des fleurs pour égayer la vue.

Ces travailleurs-propriétaires sont heureux, ils sont chez eux, libres de vivre à leur guise, d'élever leurs enfants auxquels un jour ils laisseront un héritage. Ils trouvent à leur foyer le moment de distraction et de plaisir que d'autres vont demander au cabaret ou même à l'ivrognerie.

Ce qui ressort de l'étude attentive de ces œuvres c'est leur influence sur la prospérité même de l'industrie, c'est le fait irrécusable que les chefs de manufactures en profitent autant que les ouvriers eux-mêmes.

Toutes ces œuvres sont faites avec l'esprit le plus large, la philantropie du meilleur aloi.

Je devrais maintenant vous parler des hommes que l'Alsace s'enorgueillit de pouvoir appeler ses enfants. Mais ces noms appartiennent à l'histoire de la France ; c'est comme Français et non comme Alsacien que le général Kellermann (1735-1820), que le général Kléber (1754-1800), que le général Rapp (1772-1821), que l'amiral Bruat (1796-1855) et tant d'autres militaires de tous grades ont pris une part glorieuse à nos batailles, à nos victoires.

Elle est toute française aussi, cette réponse de cet enfant de Strasbourg, Jean-Stanislas Andrieux (1759-1833) qui, étant Président du Tribunat, faisait de l'opposition aux projets du premier Consul. Celui-ci, se plaignant à Andrieux des résistances du Tribunat, reçut cette spirituelle réponse : « Sire, on ne s'appuie que sur ce qui résiste », rappelant ainsi que les flatteurs du pouvoir lui font plus de mal que ceux qui lui disent courageusement la vérité.

Après les noms des Alsaciens qui se sont illustrés sur les champs de batailles, je devrais citer les noms de ceux qui, amenant le triomphe du progrès et de la civilisation par des luttes pacifiques, ont fait l'Alsace ce qu'elle était en 1870; mais en ouvrant le Livre d'or de ces chères provinces, je prolongerais cette causerie au-delà des limites convenues. Il me reste à aborder la partie historique.

III

Partie historique.

Schoepflin est l'un des historiens dont l'Alsace se glorifie : son nom est connu des savants; il a écrit en latin son « Alsace illustrée » imprimée en 1751-61. Cet érudit judicieux et infatigable n'allègue pour ainsi dire pas un fait qu'il ne cite le diplôme ou l'acte qui le constate, il a été consulté par tous ceux qui ont voulu connaître l'Alsace.

En 1825, M. Chauffour, bâtonnier de l'ordre des avocats de la Cour royale de Colmar, en fit une traduction française. C'est à ce travail consciencieux que j'emprunterai à dessein la page suivante :

« Quelques vicissitudes que l'Alsace ait essuyées, sa destinée et sa position l'attachaient primitivement à la France et l'y ont ramenée : elle a été celtique, gauloise, romaine, mérovingienne, carlovingienne avec elle. Elle est rentrée dans son sein, après n'en avoir été séparée que parce qu'elle était française, et que, comme telle, elle a été comprise dans le partage du grand empire de Charlemagne entre ses enfants.

« Les Celtes avaient peuplé l'Alsace comme le surplus des Gaules. Ceux établis dans nos provinces portaient le nom de Rauraques, Séquaniens et Médiomatriciens.

« Lorsque les Gaules furent conquises par Jules-César, l'Alsace le fut avec elles, l'an 58 avant Jésus-Christ. Elle sortit avec elles de cette domination, au bout de quatre siècles, par l'irruption des Alémans, qui s'y maintinrent pendant 90 ans.

« Ce siècle (c'était le 5e après Jésus-Christ) fut un siècle d'horreurs et de dévastations. C'est en 451 que se place l'invasion d'Attila, roi des Huns, brûlant, saccageant tout ce qui se trouvait sur son passage; l'Alsace y était. Elle fut vengée, comme les Gaules, de ce barbare, par la victoire que remportèrent sur lui, dans la même année, près de Châlons-sur-Marne, le général romain Actéius, Mérovée, roi des Francs et Théodoric, roi des Visigoths. Elle recueillit de même, avec les Gaules, le fruit de la célèbre bataille de Clovis, à Tolbiac, en 496, qui fut la destruction des Alémans.

« Après la mort de Clovis, la France ayant été divisée en trois royaumes, l'Alsace échut à celui d'Austrasie, dont la capitale était Metz; et d'après un nouveau partage entre les petits-fils de Charlemagne, elle fut, par le traité de Verdun, en 843, annexée au royaume de Lorraine, ce qui ne subsista que jusqu'en 870. Une autre répartition des possessions de Charlemagne, entre Charles-le-Chauve et son frère Louis, dit le Germanique, la fit advenir au lot de celui-ci.

« C'est ainsi sous la bannière d'un prince français, et parce que la race Carlovingienne régnait à la fois sur la France et sur la Germanie, réunies en un même empire, qu'elle s'est trouvée détachée des Gaules, restant française par son prince. L'Alsace ne s'est pas donnée à l'Allemagne. L'Allemagne ne l'a pas conquise. Louis XIV, en la reprenant, la rattacha au tronc auquel elle avait appartenu.

« Elle rentra dans sa famille et redevint ce qu'elle avait été sous les Celtes, sous les Romains et sous les Francs, une partie intégrante du glorieux royaume de France.

« La chronologie alsacienne se coupe ainsi dans cinq grandes époques :

1° La période celtique ou gauloise, qui comprend l'espace de temps qui s'est écoulé depuis les âges connus jusqu'à l'asservissement des Gaules par les Romains, en l'an 58 avant la naissance de Jésus-Christ;

2° La période romaine qui a duré depuis cette époque, jusqu'en 407 de l'ère chrétienne;

3° La période des Francs ou Alémano-Francique qui va de 407 à 870;

4° La période germanique, embrassant de 870 à 1648 (par conséquent 778 ans) où le traité de Westphalie restitua l'Alsace à la France;

5° Enfin, la période française, qui a commencé en 1648 et dont la durée — dit Chauffour — veuille être éternelle. »

Le livre de 1825 s'arrêtant à cette date, nous remplaçons le quinto par celui-ci :

5° La période française qui a recommencé en 1648 et qui a duré jusqu'au 1er mars 1871, époque à laquelle le traité de Francfort fit tomber l'Alsace et une partie de la Lorraine au pouvoir de la Prusse, et nous ajouterons :

6° Enfin, la période allemande dont la durée veuille être abrégée par la patriotique persévérance des Alsaciens-Lorrains, par la sagesse de la nation française et par les fautes de l'empire allemand.

Dans la demi-obscurité de nos origines, nous voyons les sacrifices humains des druides disparaître devant la civilisation romaine, puis la doctrine chrétienne adoucir les caractères et les mœurs et effacer les traces des invasions barbares.

Peu à peu la culture du sol est perfectionnée, les châteaux-forts de la féodalité s'élèvent au-dessus des monts et des campagnes, les villes s'entourent de murs et grandissent grâce à leurs privilèges.

Plus tard, la diffusion de l'instruction affranchit paysans et bourgeois et rend inutiles désormais les châteaux-forts et les remparts.

L'union intime et complète de la population alsacienne avec la nation française s'achève définitivement dans les luttes de la grande Révolution. Elle date de la déclaration du 4 août 1789 et sort de ce mouvement de généreuse fraternité où nous voyons la France proclamer avec ses droits les droits de chaque homme et ceux du genre humain, et posant le principe de la liberté politique et de l'égalité civile.

De ce moment, l'Alsace n'a plus, à proprement parler, d'histoire particulière. Elle forme deux départements que je suis fier de qualifier « les plus français de la France ».

Une large part lui revient dans les sacrifices et les gloires des guerres de la République et du premier empire.

Après la chûte de Napoléon Ier, son activité s'applique aux travaux paisibles de l'industrie et de l'agriculture qui ont placé l'Alsace parmi les pays les plus florissants et les plus enviés du monde.

Malgré les intermittences de ténèbres et de retour en arrière, la marche de l'histoire indique des progrès constants dans la situation des Alsaciens.

Il y a un mouvement ascensionnel d'instruction , de lumière , de travail , de progrès , de liberté , de bien-être et de prospérité : progrès et prospérité arrêtés en partie depuis l'annexion allemande.

Cette malheureuse annexion ! Je vais en parler pour terminer.

Nous avons vu ensemble l'Alsace florissante et prospère. Pour bien connaître un pays, il faut le voir pendant l'épreuve.

C'est le 15 juillet 1870 que la guerre fut officiellement déclarée à l'Allemagne. L'Alsace était certainement le coin de la France où cette malheureuse et folle déclaration causa le plus d'émoi et de stupeur. C'est que, voisins de cette Allemagne avec laquelle on avait, d'un cœur léger, décidé qu'on allait se mesurer , nous savions combien elle était exercée, instruite, redoutable.

Ses angoisses patriotiques augmentèrent lorsque l'Alsace vit venir les régiments français dans un état que dépeindront quelques dépêches trouvées aux Tuileries et publiées par la Commission des Papiers :

« Général de Failly , commandant 5ᵉ corps à Guerre , Paris.

« *Bitche*, *18 juillet 1870.*

« Suis à Bitche avec 17 bataillons d'infanterie. Envoyez-nous argent pour faire vivre troupes. Les billets n'ont point cours. Point d'argent dans les caisses publiques des environs. Point d'argent dans les caisses des corps. »

« Intendant-général à Blondeau , directeur d'administration , Guerre , Paris.

» *Metz*, *20 juillet 1870.*

» Il n'y a à Metz ni sucre, ni café, ni riz, ni eau-de-vie, ni sel, peu de lard et de biscuit. Envoyez d'urgence au moins un million de rations sur Thionville. »

« Général Michel à Guerre , Paris.

» *Belfort*, *21 juillet 1870.*

« Suis arrivé à Belfort , pas trouvé ma brigade; pas trouvé général division. Que dois-je faire ? Sais pas où sont mes régiments. »

« Général et commandant 4° corps au major-général, Paris.

« Le 4° corps n'a encore ni cantines, ni ambulances, ni voitures d'équipages pour les corps et les états-majors.

« Tout est complètement dégarni.

» *Thionville, 24 juillet 1870.* »

La guerre de Prusse commença, vous le voyez, sous les plus fâcheux auspices, aussi elle change bientôt de nom et s'appelle l'*invasion*.

. Dès le 4 août, les Prussiens prennent l'offensive. Dès le 6, les Français sont écrasés par le nombre à *Wœrth* et *Reichshoffen* où nos cuirassiers renouvellent, pour protéger la retraite, les charges légendaires de Waterloo.

Dès le 7 août, un million d'allemands se jettent sur le territoire français; dès le 15, *Strasbourg* et *Bitche* étaient investies, bombardées.

Le 2 septembre, Napoléon III fit porter son épée à Guillaume, et la capitulation de Sedan suivie de celle de Metz, fit passer en Allemagne, prisonnière de guerre, la plus grande partie de l'armée impériale.

Ces souvenirs sont pénibles pour tout Français, ils sont encore plus cuisants pour ceux qui ont subi les affres et les angoisses de l'invasion. Je vous demande pardon, Mesdames et Messieurs, d'avoir été obligé d'évoquer ces dates néfastes pour arriver à vous dire que dès le 19 décembre, à l'entrevue de Ferrière pour l'obtention d'armistice, M. de Bismark fit à M. Jules Favre la déclaration suivante :

« Strasbourg est la clef de la maison. Je dois l'avoir. La ville va
« tomber entre nos mains, ce n'est plus qu'une affaire de calcul d'in-
« génieurs. Il nous faut aussi les deux départements du Bas et du
« Haut-Rhin, une partie de celui de la Moselle avec Metz, Château-
« Salins et Soissons. »

Vous voyez que dans sa façon habituelle d'aller droit au but Bismarck ne déguisa pas un seul instant sa pensée ; il ne s'arrête pas à invoquer le principe des nationalités ; il ne parle ni de l'origine prétendue allemande de l'Alsace, ni de la langue allemande qu'on y parle ! Il réclame l'Alsace-Lorraine comme nécessaire à la sûreté de l'empire.

Le 15 octobre 1870 parut un décret du roi de Prusse, général en chef des armées allemandes à Versailles, dont le premier article était ainsi conçu.

« Quiconque rejoint les forces françaises est puni de la confiscation de ses biens actuels et futurs et d'un bannissement de dix ans. »

L'Alsace-Lorraine, virtuellement annexée dès lors au futur empire allemand, était désormais empêchée de prendre part à la défense de cette patrie qui, dans la pensée des vainqueurs, ne devait plus être la sienne.

On se demandera par quelle sauvage aberration les Prussiens ont cru affirmer les droits qu'ils prétendaient avoir sur l'Alsace en couvrant ces provinces de ruines et de sang, pourquoi ils ont détruit les villes au lieu d'attaquer les remparts, incendié les monuments les plus admirables et broyé les êtres les plus innocents, jetant des cadavres d'enfants sur les décombres des chefs-d'œuvre anéantis.

C'est que, logiques avec leur principe que la force prime le droit, les Prussiens ont voulu jeter la terreur dans les provinces conquises. Ils savaient qu'après avoir vaincu la France, il leur fallait vaincre chaque Alsacien, chaque Lorrain, j'ajouterai chaque Alsacienne et chaque Lorraine.

M. de Bismarck savait bien qu'il ne pouvait pas compter sur le temps pour opérer l'assimilation rêvée; il savait que, même après la bataille, la force seule resterait son alliée pour donner aux provinces annexées une apparence allemande, car allemandes M. de Bismarck ne les verra jamais, si la germanisation ne réussit pas mieux.

Le pays annexé contenait 1,600,000 habitants; on estime que 1,100,000 ont opté et que 60,000 ont rendu leur option valable en émigrant.

Pour la cinquième fois, depuis 14 ans, il a prouvé aux élections que les Alsaciens-Lorrains sont restés fidèles à la patrie dont ils ont été arrachés.

Ce patriotisme qui survit à tout, qui brave l'oppression étrangère et la soufflette périodiquement de sa protestation persistante, tenace et indignée, fait que là-bas on espère toujours et quand même!

Me faisant un devoir de ne pas sortir du cadre d'une conférence de géographie, et voulant surtout éviter le reproche d'aviver des haines, je ne vous parlerai pas du régime que l'Alsace subit aujourd'hui. C'est à dessein aussi que j'ai évité de vous raconter les souffrances endurées pendant l'invasion, les détails de ces sièges, de cette brutale occupation.

J'aurais dû vous esquisser quelques caractères des héros de ces tristes journées. Ne voulant pas vous parler des vainqueurs, je détacherai du livre d'un compatriote, Ed. About, le portrait d'un vaincu :

« L'ennemi ne s'établit pas d'abord à poste fixe chez les habitants de Mulhouse. Pendant près d'un mois, on le vit aller et venir, prendre ses cantonnements et les quitter le lendemain pour battre la campagne.

« Un samedi soir, dans ce malheureux mois d'octobre, tandis que le 81° de ligne sortait de la ville sous les ordres du colonel Von Loos, la population des fabriques échangea quelques mots désagréables avec l'arrière-garde. La légende prétend que le dernier fourgon, chargé d'un butin suspect, avait provoqué des observations malsonnantes. Les soldats répondirent de leur mieux, mais quand ils furent à bout de raisons, ils tirèrent sur la foule. Quelques victimes périrent, et dans le nombre un suisse et deux badois. Cette échauffourée se produisit aux environs de la filature Kœchlin-Schwartz.

« Huit jours après, quand la très légitime irritation du peuple commençait à se calmer, ce beau 81° prussien reparut, colonel en tête, et prenant position devant la manufacture, il fit savoir aux autorités qu'en réparation de l'outrage commis envers les soldats du Roi, il réclamait 50,000 francs, 5,000 chemises de flanelles, 80 paires de chevaux attelés à 80 charrettes et divers autres approvisionnements, le tout livrable dans une heure. Faute de quoi, le 81° brûlerait la filature de M. Kœchlin, et les cités ouvrières, sans préjudice du surplus.

« L'indignation fut générale, mais pas un homme de trente ans ne se montra plus courroucé que M. Jean Dollfus. Brûler les cités ouvrières ! L'œuvre et la gloire de sa vie ! Le temps de prendre sa croix de l'Aigle rouge, une croix de commandeur obtenue à la suite de je ne sais quelle exposition, il accourut aussi vite que ses jambes de soixante-dix ans voulurent le porter. Arrivé, il entreprit les officiers avec toute la vigueur d'une âme honnête et toute l'autorité d'une vie exemplaire ; il leur prouva que si une réparation était due, c'était par les vainqueurs aux vaincus et qu'il serait monstrueux de rançonner les gens après les avoir assassinés.

« Le colonel, sourd aux bonnes raisons, comme tout Allemand qui se sent le plus fort, maintint ses prétentions sans en rabattre un centime, et le père Jean s'échauffant par degrés lui dit : « J'ai donc affaire à des barbares ? Eh bien ! reprenez cette croix que j'avais cru pouvoir accepter de votre maître, dans le temps où la Prusse comptait encore au rang des peuples civilisés ! Rendez-la lui ; dites-lui que je ne pourrais plus la porter sans honte et que je vous l'ai jetée à la face ! »

« Le geste suivit la parole, et les insignes de l'Aigle rouge après avoir frappé la poitrine du colonel tombèrent dans la boue.

« Ce sacrilège exaspéra si bien les officiers du roi Guillaume, qu'un ou deux fanatiques du droit divin parlèrent de fusiller M. Dollfus.

— « Oui, cria-t-il, fusillez-moi ! ayez le misérable courage de commander le feu contre un vieillard ! alors au moins le monde civilisé connaîtra qui vous êtes. Je n'ai que faire de la vie, et j'ai besoin qu'on sache à quelle race d'hommes est livré mon pauvre pays ! »

« Les Prussiens furent-ils désarmés par ce courage ou simplement par le désir d'empocher 50,000 fr.? ils ne fusillèrent personne, mais la réquisition fut payée jusqu'au dernier sou.

« Elle fut même payée deux fois, car la ville n'a jamais donné un thaler ni une chemise à l'ennemi sans en envoyer tout autant soit à Belfort soit à quelque autre garnison française. Cette comptabilité en partie double fait grand honneur à l'imagination et au caractère de nos chers Alsaciens. » (*Applaudissements.*)

MESDAMES, MESSIEURS !

Il me reste à vous demander pardon d'avoir abusé de votre patience et à vous remercier d'avoir bien voulu, jusqu'au bout, me prêter votre bienveillante attention.

J'adresse aussi mes remercîments à notre secrétaire M. V. Duburcq à l'obligeance et au talent duquel nous devons la charmante carte de l'Alsace qu'il a faite pour faciliter ma causerie. (*Applaudissements prolongés.*)

Lille Imp. L. Danel.

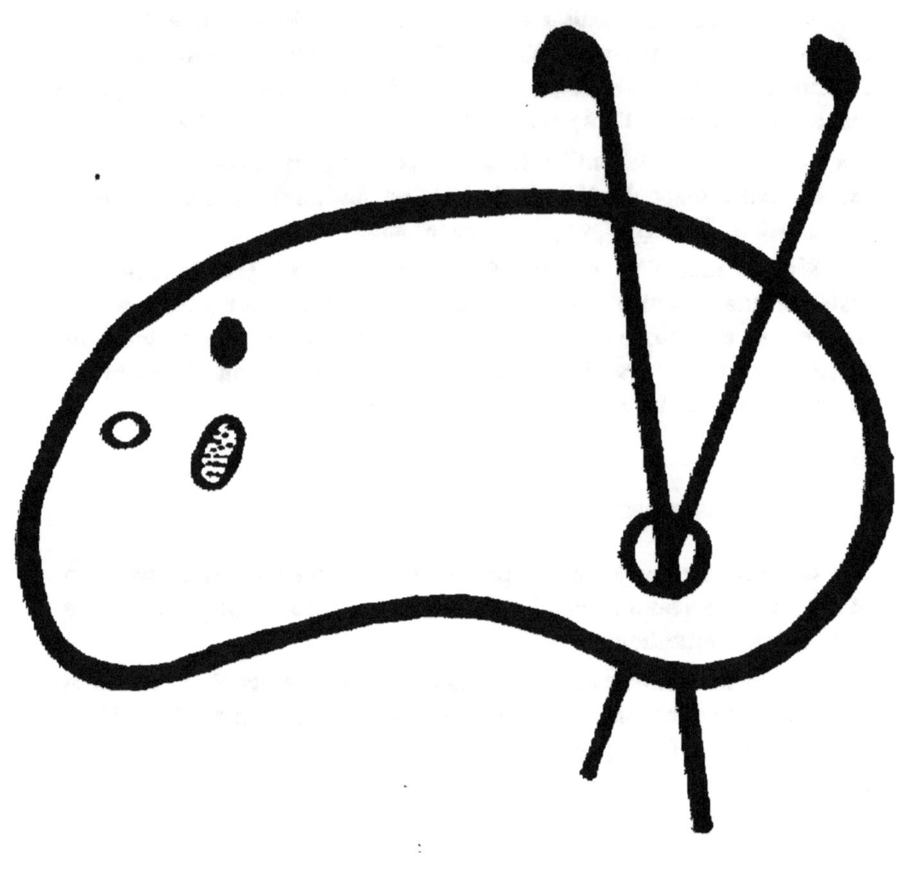

ORIGINAL EN COULEUR

NF Z 43-120-8